كتابي ألول حول الحديث

آدابه وخلقه الحسن ﷺ تعليم األبناء على خطا النبي محمد

إعداد مجموعة The Sincere seeker لألطفال

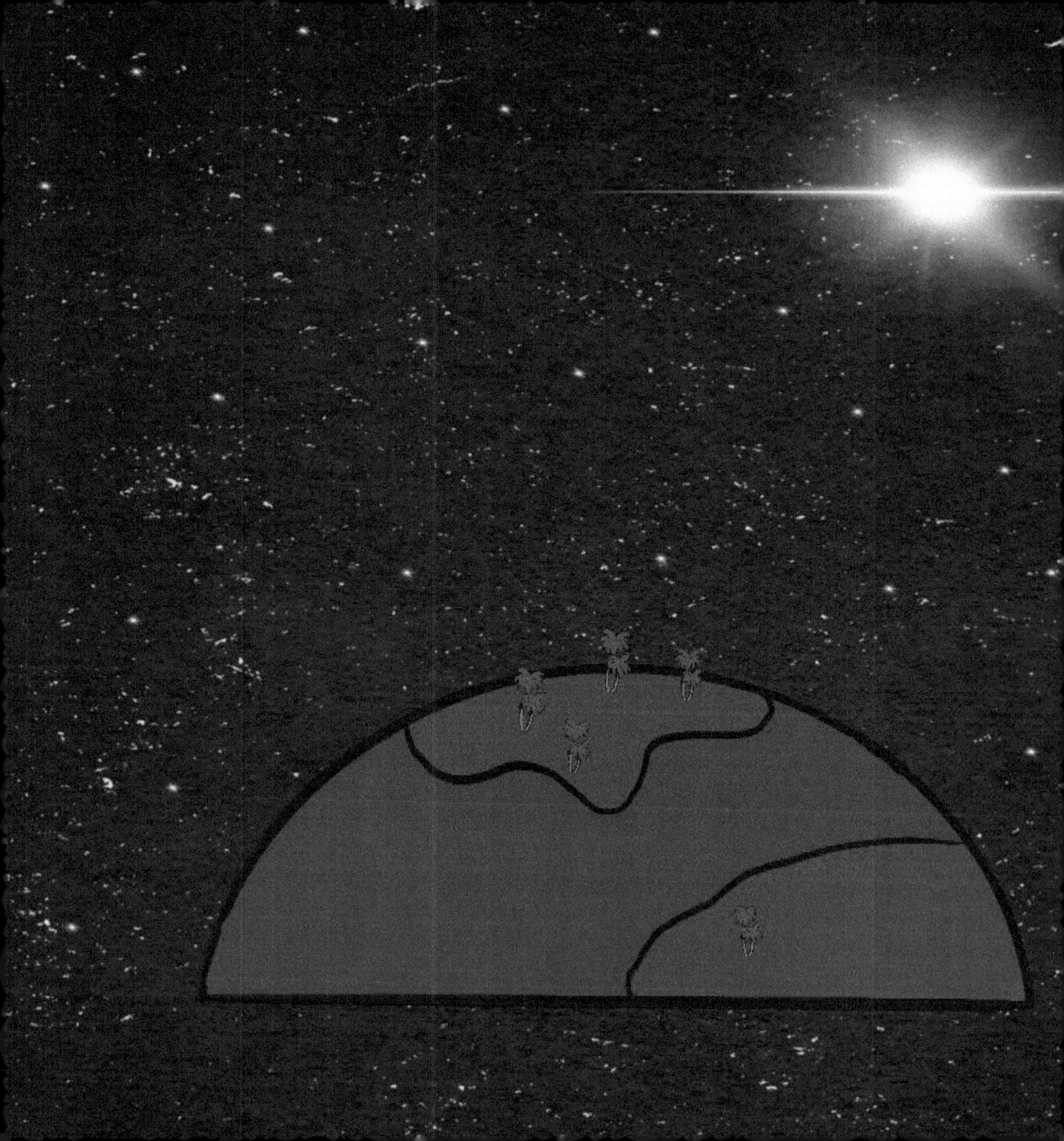

بعث هللا لنا (املسلمين – اتباع هللا في دين اإلسالم)الكثير من الرسل واألنبياء لرحمته فينا ومحبته لنا، وذلك كي يعلمنا عن نفسه وعن مغزى حياتنا .يعبد املسلمون هللا خالق السموات واألرض وخالقنا جميعا وحده بدون شريك .وكان النبي محمد آخر نبي أرسله هللا إلينا.

ولد النبي محمد عليه الصالة والسالم في مكة .وفي عمر األربعين، ذهب إلى كهف حراء وحيدا للتأمل والتفكير في الحياة والكون في شهر رمضان، الشهر التاسع من التقويم

اإلسالمي .بينما كان يتأمل في الكهف، جاءه مالك من السماء اسمه جبرائيل .خاف النبي ل محمد صلى هللا عليه وسلم، لكن املالك عانقه بشدة وأمره بقراءة القرآن الكريم املنز

من عند هللا ثالث مرات .قال النبي محمد صلى هللا عليه وسلم" :لست بقارئ "فقرأ له املالك جبرائيل اآلية األولى من القرآن الكريم .كان النبي محمد (صلى هللا عليه وسلم)ال يزال خائفا للغاية فهرع إلى زوجته "خديجة "وطلب منها أن تغطيه وروى لها ما حدث.

فعندها واسته وقالت له" :إن هللا لن يذلك أبدا ألنك خير مع أهلك وتساعد الفقراء ل

واملحتاجين ."بعد ذلك، أنز هللا القرآن الكريم بشكل مجزأ على النبي محمد، بواسطة املالك جبرائيل، على مدى 23 عاما.

Quran
Koran
Quran
Koran
Quran
Quran

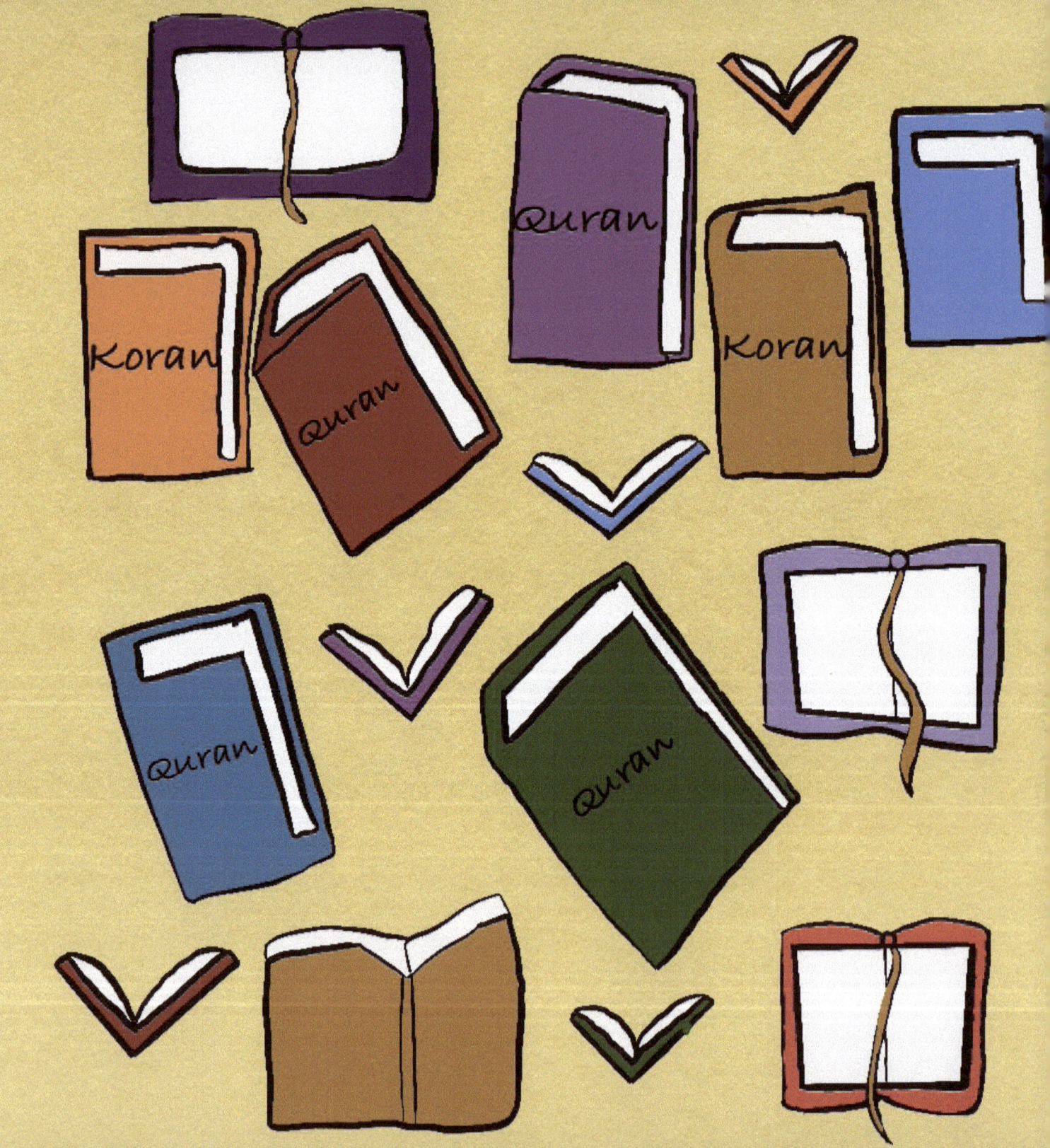

القرآن الكريم هو كتاب اإلسالم وكالم هللا. ُ أنزل ليهدينا إلى هللا، وليقربنا منه، ويعلمنا أن نحبه .يرشدنا القرآن الكريم لنعيش حياة صحية جيدة .ويعلمنا ما هو خير لنا في الحياة .كما أنه يعلمنا ما هو الخطأ والضار في الحياة وما ال يجب نفعله.

بعد أن تلقى النبي محمد صلى هللا عليه وسلم القرآن الكريم من هللا، قض ى بقية حياته في شرحه وتطبيق تعاليمه، وتعليم اإلسالم ألصدقائه الذين كانوا معه "الصحابة ."طلب النبي محمد صلى هللا عليه وسلم من صحابته كتابة أقواله وأفعاله وتعاليمه .تم جمع كتابات الصحابة املنقولة عن النبي فيما يسمى "الحديث"، ويعني الكالم أو التقرير أو اإلخبار . الحديث "هو األقوال التي قالها النبي محمد أو فعلها أو وافق عليها .يساعدنا الحديث على فهم" واإلجابة عن األسئلة املتعلقة بتفاصيل ديننا اإلسالمي، ويشرحها لنا القرآن الكريم بمزيد من التفصيل.

على عكس القرآن الكريم، الحديث الشريف ليس كالم هللا .لكنه أقوال وأفعال نبي هللا، محمد صلى هللا عليه وسلم، الذي أرسله هللا إلينا ليعلمنا أن نعيش حياة كريمة.

لقدُ أرسل الرسول محمد صلى هللا عليه وسلم ليهدينا ويقودنا إلى ربنا وخالقنا .ولهذا السبب فهم النبي محمد عليه الصالة والسالم القرآن الكريم، وأحب القرآن الكريم، وعاش حياته على أساس تعاليم القرآن الكريم.

النبي محمد صلى هللا عليه وسلم هو النموذج الذي أرسله هللا لنا ليرينا كيف نحيا مثله ونقلده ونتبعه .أرسله هللا ليعلمنا كيف نعيش حياتنا .وأمرنا هللا باتباعه، فاتباع النبي يعني اتباع هللا وإطاعته.

أفعال وممارسات النبي محمد تسمى "السنة"، والتي تعني "الطريق"، أو "امملارسة ."إذا طبقنا ما ورد في السنة، فإننا نطبق ما قاله النبي أو فعله أو وافق عليه .تساعدنا السنة كمسلمين على تطبيق واتباع عقيدة النبي محمد وسلوكه ومواقفه وصبره ورحمته واستقامته .نحن املسلمين نحاول أيضا نسخ كل ما فعله الرسول، بما في ذلك كيف وماذا أكل وشرب، والوضعية التي كان ينام فيها، تصرفاته وتفاعله مع آالخرين، وما إلى ذلك.

علمنا الحديث النبوي كيف نعيش حياتنا بأفضل طريقة ممكنة .هللا والنبي محمد يحباننا كثيرا ويريدان األفضل لنا .كل ما أمرنا هللا ونبيه محمد بفعله أو االبتعاد عنه هو ملصلحتنا فقط، لذا ينبغي إطاعة ذلك ملصلحتنا.

اإلخالص

اإلخالص يساعدنا على فهم األحاديث النبوية .تعاليم الحديث عن اإلخالص تعلمنا أن ما نقوم به في حياتنا يتم الحكم عليه ومكافأته بناء على نوايانا .يسمى فعل األشياء بحسن نية "اإلخالص ."النوايا الحسنة واإلخالص منشأها القلب .حيث، إذا عملنا عمال صالحا إلرضاء هللا وفعلنا ذلك لسبب وجيه، فسوف

،يؤجرنا هللا على فعلنا .يمكن أن تتعدد النوايا الحسنة عند قيام املسلم بعمل صالح .على سبيل املثال

يمكن للمسلم أن يقوم بعمل صالح بغرض إرضاء هللا ولكي يعلم نفسه التواضع -وسوف يكافأ على ذلك بحسنات إضافية !يجب أن نستمع إلى قلوبنا دوما لنتأكد من أننا نقوم باألعمال الصالحة بغرض إرضاء هللا .يجب علينا أيضا أن نعمل صالحا بسر حيث ال يرانا إال هللا، حتى لو لم يرنا اآلخرون.

اإليراء

التباهي هو عكس اإلخالص .إذا فعل الشخص شيئا بنية سيئة للتباهي أمام اآلخرين وإثارة إعجابهم، فلن يحصل على أجر فعلته .عند العمل الصالح فعلينا أن نكون صادقين في عملنا وأن يكون هذا العمل في سبيل هللا، ال للتباهي أمام اآلخرين، وال للثناء أو املال .لذا، عندما تقوم بعمل صالح، توقف وفكر في سبب قيامك بالعمل الصالح .هل أنت مخلص هلل في فعلك، أم أنك تقوم به إلثارة إعجاب شخص آخر وربما التباهي؟ تشجعنا تعاليم اإلسالم على أن نكون متواضعين وأال نتباهى فاهلل يحب املتواضعين .يجب أن نرض ي هللا باستمرار وال نتباهى.

الخلق الحسن والشخصية السوية

يجب على املسلم أن يكون حسن الخلق وذو شخصية سوية .هذا مهم جدا في ديننا اإلسالمي .كان نبينا محمد عليه الصالة والسالم ذو خلق حسن وشخصية سوية .وكان دائما يعامل غيره بكل االحترام ويكلمهم بكل لطف.

لكي تتحلى باألخالق الحميدة، يجب على املسلمين أن يكونوا ودودين ولطفاء مع الناس بشكل عام، ومع والديهم بشكل خاص .يجب على املسلمين الحديث بالكالم الطيب، وقول الحق، وعدم الكذب، والوفاء بالعهد، وعدم اإلضرار بأحد، وعدم إهانة أحد .يجب أن يعاملوا الناس بإنصاف، وأن يكونوا حسني النية،

وأال يتهموا الناس بارتكاب أشياء خاطئة أو سيئة، وأال يأخذوا أي ش يء ليس ملكهم، وأال يسخروا من

آالخرين، وأال يدخلوا في الجدال واملعارك .يجب على املسلمين أال يتصرفوا بفظاظة أو حقد، وعليهم أن يخفضوا أصواتهم ويتكلموا بهدوء، وال يغضبوا، وال يثرثروا .ينبغي عليهم أن يغفروا لآلخرين حتى يغفر هللا لهم .يجب أن يكونوا صبورين ولطيفين ومتواضعين ومرحين وأن يبتسموا.

ُ
ل

نعمة امتالك األخالق الحميدة، أفضل من امتالك املال واملناز .حسن الخلق عالمة على اإليمان .في يوم القيامة، لن يكون هناك في ميزان األعمال الصالحة أثقل من األخالق الحميدة" .هللا جميل ويحب الجمال ."يحب هللا ذوي األخالق الحميدة .وال يحب الناس السيئين .هللا يحب املؤمنين" :ال إله يستحق العبادة إال هللا"، أسهل طريقة للوصول إلى الجنة هي الخلق الحسن .أفضل طريقة لتقييم أخالقك هي أن ترى كيف تعامل عائلتك .قال نبينا" :إن خيركم، خيركم ألهله"

الإحسان إلى الوالدين

لقد أمرنا هللا بالصالة والصيام والزكاة والحج .أمرنا أن نعبده وحده دون شريك، وأن نكون صالحين مع والدينا .وجاء أمره بأن نكون صالحين مع والدينا بعد أن أمرنا بعدم عبادة غيره، مما يوضح لنا مدى أهمية اإلحسان للوالدين.

يحبنا آباؤنا كثيرا وضحوا من أجلنا كثيرا، وال يمكننا أبدا أن نرد لهم جميل ما فعلوه من أجلنا .إنهم يستحقون الكثير من االحترام .يجب أن نحب والدينا ونكرمهم ونطيعهم ونخدمهم لبقية حياتنا .لن يكون األمر سهال –بل سيتطلب منا الجهد والصبر.

يجب أن نكون حريصين على أال نُظهر غضبنا لوالدينا، لدرجة أنه يجب أال نقول لهما "أف ".يجب أن نحبهم، ونصلي من أجلهم، ونظهر لهم االحترام، ونتعامل معهم بلطف، ونستمع إليهم، وال نغضبهم .يجب أن نخدمهم ونشكرهم .ال يجب أن نخاطب والدينا بأسمائهم، وال أن نسير أو نجلس أمامهم .يجب أن نقف عندما يدخلون الغرفة ونقبلهم على جبهتهم بشكل متكرر.

اإلحسان للوالدين مرتبط بالكثير من الفوائد والحسنات .يستجيب هللا لدعاء الوالدين .اإلحسان إلى والدينا يرض ي هللا، وإغضاب والدينا يغضب هللا .أن نكون صالحين مع والدينا هو أسهل طريقة للوصول إلى الجنة، حيث أن الجنة عند أقدام األمهات .إن عصيان والدينا وعدم احترامهما خطيئة كبرى.

الله

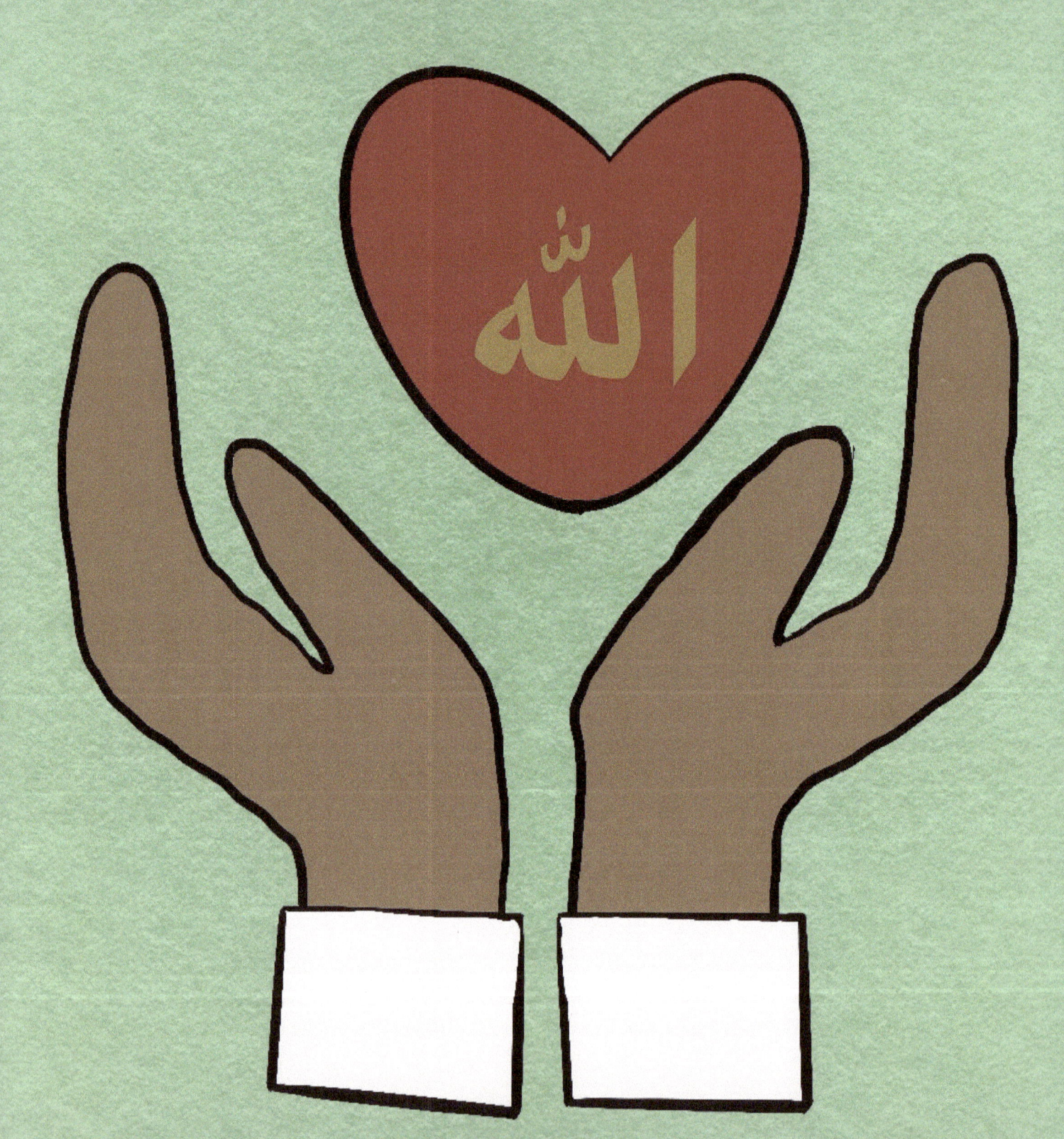

ذكر هللا

كمسلمين، يجب أن نذكر هللا ونحمده باستمرار من وقت استيقاظنا صباحا حتى وقت النوم مساء .يذكرنا القرآن الكريم والسنة النبوية بأهمية أن نذكر ونمدح ونمجد هللا تعالى بقلوبنا وألسنتنا .إيماننا مرتبط بذكر هللا وإرضائه .كلما
.زاد تفكيرنا في هللا، زاد إيماننا

كلما أحببنا شخصا ما، زاد تفكيرنا به .يجب أن نذكر هللا كثيرا حتى ينمو حبنا له .وكلما زاد تفكيرنا في هللا، زاد تفكيره فينا .فاهلل يعلي اسم في كل األماكن .نحن نذكر هللا عندما نصلي ونقرأ القرآن، وفي جميع العبادات األخرى .أولئك الذين يذكرون هللا غالبا .سيعيشون حياة جميلة، والذين ال يذكرون هللا ستكون حياتهم بائسة

Asalamalakum
Wa'laykum
Asalam

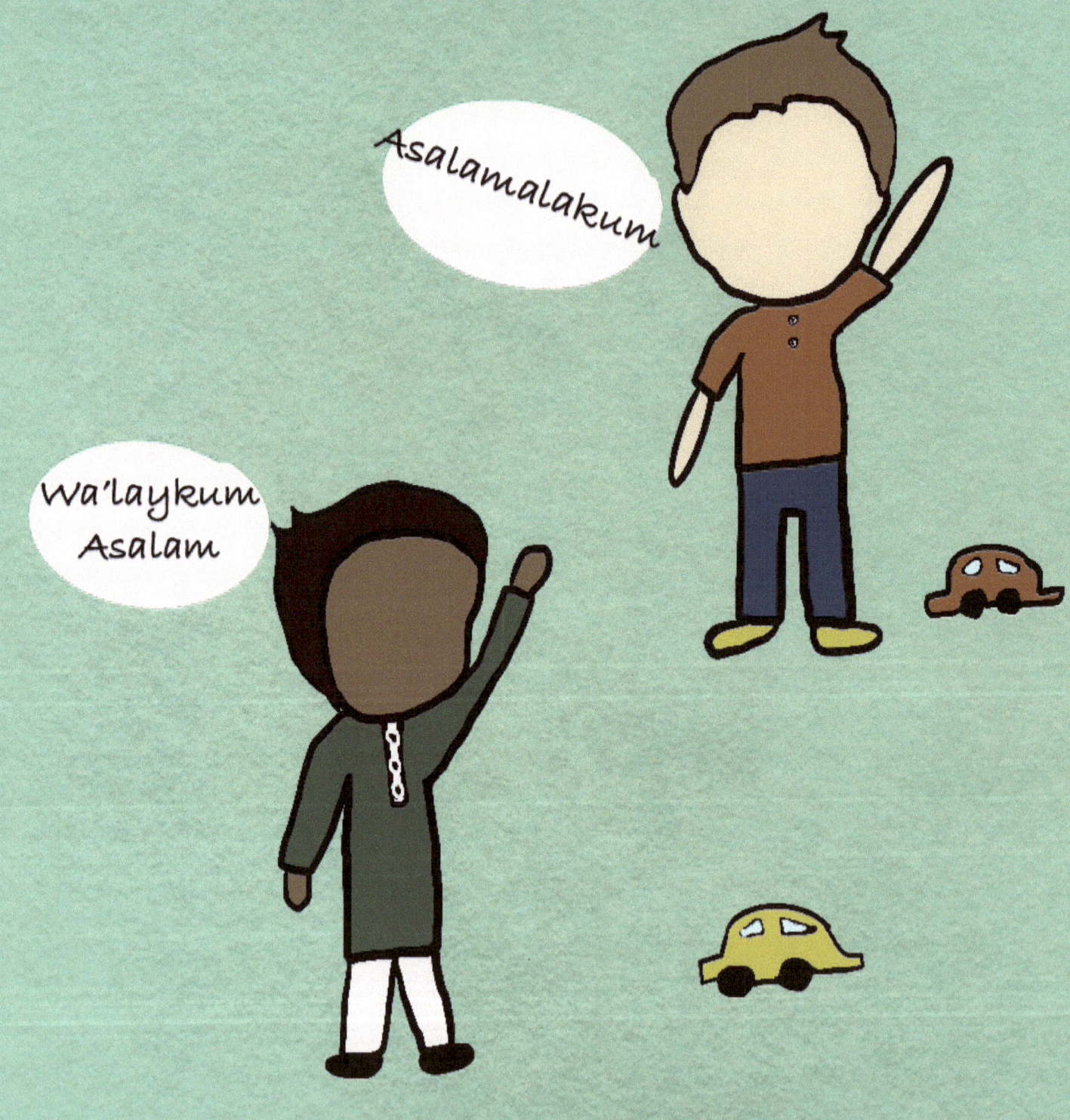

"تحية اآلخرين بـ "السالم عليكم

السالم عليكم ورحمة هللا وبركاته "هي تحية اإلسالم .فبعد أن خلق هللا آدم عليه الصالة والسالم، أول إنسان، أمره أن يمش ي إلى جماعة من امالئكة وأن " يسلم عليهم بعبارة "السالم عليكم ."سأل هللا تعالى آدم أن يحفظ رد امالئكة، ألن هذا سيكون تحية له وللمسلمين إلى يوم الدين .هذه التحية هي أول جملة علمها هللا آلدم عليه الصالة والسالم .إنها تحية السماء.

قال النبي محمد صلى هللا عليه وسلم إنك لن تدخل الجنة حتى تؤمن ولن تؤمن حتى تحب غيرك .هل أقول لكم كيف يمكنكم أن تحبوا بعضكم البعض؟ انشروا السالم على بعضكم .التحية باستخدام عبارة "السالم عليكم "تنشر الحب .في كل مرة تحيي اآلخرين بـ"السالم عليكم"، تكسب أجرا من هللا.

.عندما يستقبلك شخص ما بتحية "السالم عليكم"، يجب أن ترد بش يء أفضل أو على األقل مماثل -فكلما طالت االستجابة، كان ذلك أفضل

.فأجب بعبارة "وعليكم السالم ورحمة هللا وبركاته ."إذا التقى املسلم بآخر والقى عليه التحية وهو يصافحه، فإن ذنوبهما تسقط مثل أوراق الشجر

فكلما دخلت بيتا أو مكانا عليك أن تقول السالم عليكم سواء كان فيه ناس أم ال .أنت بذلك تبسط السالم على نفسك، وقد يكون هناك مالئكة ال تراهم في البيت .على الشخص املاش ي أو الراكب أن يلقي التحية على الجالسين .يجب أن تقول السالم عليكم عندما تغادر أيضا.

االبتسام لآلخرين

يجب دائما أن نظهر بمظهر حسن .لطاملا كانت االبتسامة مرتسمة على وجه النبي محمد صلى هللا عليه وسلم .ال يجب أن تبتسم لآلخرين فحسب، بل يجب أن تحاول رسم البسمة على وجه إخوتك إخوانك وتجلب لهم الفرح ألن هذا من أكثر األشياء املحببة التي يمكنك القيام بها .االبتسام يقوي

.األخوة وينتقل لآلخرين

إكرام الضيف

من تعاليم اإلسالم إكرام الضيف وإظهار الكرم .هذا الفعل ذو أجر عظيم .يجب أن نرحب بضيوفنا ونلقي عليهم السالم مع ابتسامة مرسومة على وجوهنا . يجب أن نتعامل مع ضيوفنا بلطف، وأن نستمتع بهم ونجعلهم يشعرون بالراحة .يجب أن نقدم لهم الطعام والشراب، حتى ال يضطروا إلى طلب أي ش يء .في النهاية، يجب توديعهم بطريقة محترمة

االمتنان والشكر

لقد منحنا هللا الكثير من النعم التي ال تعد وال تحص ى .علمنا نبينا محمد صلى هللا عليه وسلم أال ننظر إلى الذين لديهم ثروة أو مكانة أكثر منا ألن ذلك ممكن أن يقودنا إلى الجحود وعدم تقدير النعم التي منحنا إياها هللا . بدال من ذلك، يجب أن نقارن أنفسنا بمن لديهم أقل مما لدينا حتى نتمكن من تقدير ما أعطانا هللا ونصبح أكثر امتنانا.

.يمكن للشكر أن يقوي إيماننا، ويجعلنا أكثر صالحا، ويقربنا من هللا .والشكر مفتاح أجر هللا ورضاه

.الشكر يؤدي أيضا إلى زيادة البركات والنعم .وكلما زاد امتناننا زاد هللا علينا

يجب أن نشكر هللا في قلوبنا، وأن نظهر ذلك بألسنتنا عندما نتكلم .يجب أن نتعود دائما على شكر هللا على نعمه بقول "الحمد هلل ."كما يجب أن نقول كلمات تقدير أخرى هلل وآلبائنا وغيرهم ممن .يساعدوننا أو يستحقون شكرنا

علمنا النبي محمد صلى هللا عليه وسلم عند سماع األخبار السارة، سواء أكانت شيئا كسبناه أو أذى تجنبناه، أن نسجد أمام هللا لنظهر شكرنا وتقديرنا .هذا ما كان يفعله النبي محمد صلى هللا عليه وسلم .ليس عليك أن تواجه .القبلة وال أن تتوضأ

علينا أيضا أن نعرب عن امتناننا من خالل القيام باألعمال الصالحة .إن أفضل طريقة للتعبير عن التقدير هلل هي طاعته والدعاء له .طريقة أخرى إلظهار الشكر هي بالصبر في األوقات الصعبة، وهو في الواقع اختبار من قبل هللا ملعرفة ما إذا كنا ال .نزال ممتنين له في األوقات الصعبة

إكرام آالخرين

يمكننا إظهار التقدير من خالل إعطاء بعض مما لدينا لآلخرين .

يمكنك التبرع لآلخرين بطرق مختلفة، التبرع باملال، والطعام،

واملالبس، واأللعاب، وبعض من وقتك، ومساعدة شخص مسن

في بقالة، وإزالة ش يء ما من الطريق، واالبتسام، والتحدث

.بلطف مع آالخرين، وما إلى ذلك

الكرم ينبع من القلب .وهللا يجازينا عليه بالفوائد والحسنات .

فهو يزيد من إيمانك، ويقربك إلى هللا، ويزيد من نعم هللا عليك،

.وهللا في املقابل يزيل العوائق والتحديات من حياتك

تمني الخير لآلخرين

على املسلم أن يتمنى الخير ألخيه وأخته بقدر ما يتمناه لنفسه .هذه صفة أساسية لإليمان .وهذا يوجب على املسلم عدم الغيرة أو الحسد أو كراهية أخيه أو أخته .كما يجب أال .نكشف عن عيوبهم أو أخطائهم أمام اآلخرين

مساعدة اآلخرين

سيقوم هللا بمساعدتك إذا واصلت مساعدة إخوتك أو أخواتك .إذا ساعدت شخصا محتاجا وسهلت حوائجه، فإن .هللا سيسهل عليك حوائجك في الدنيا واآلخرة

Bismillah

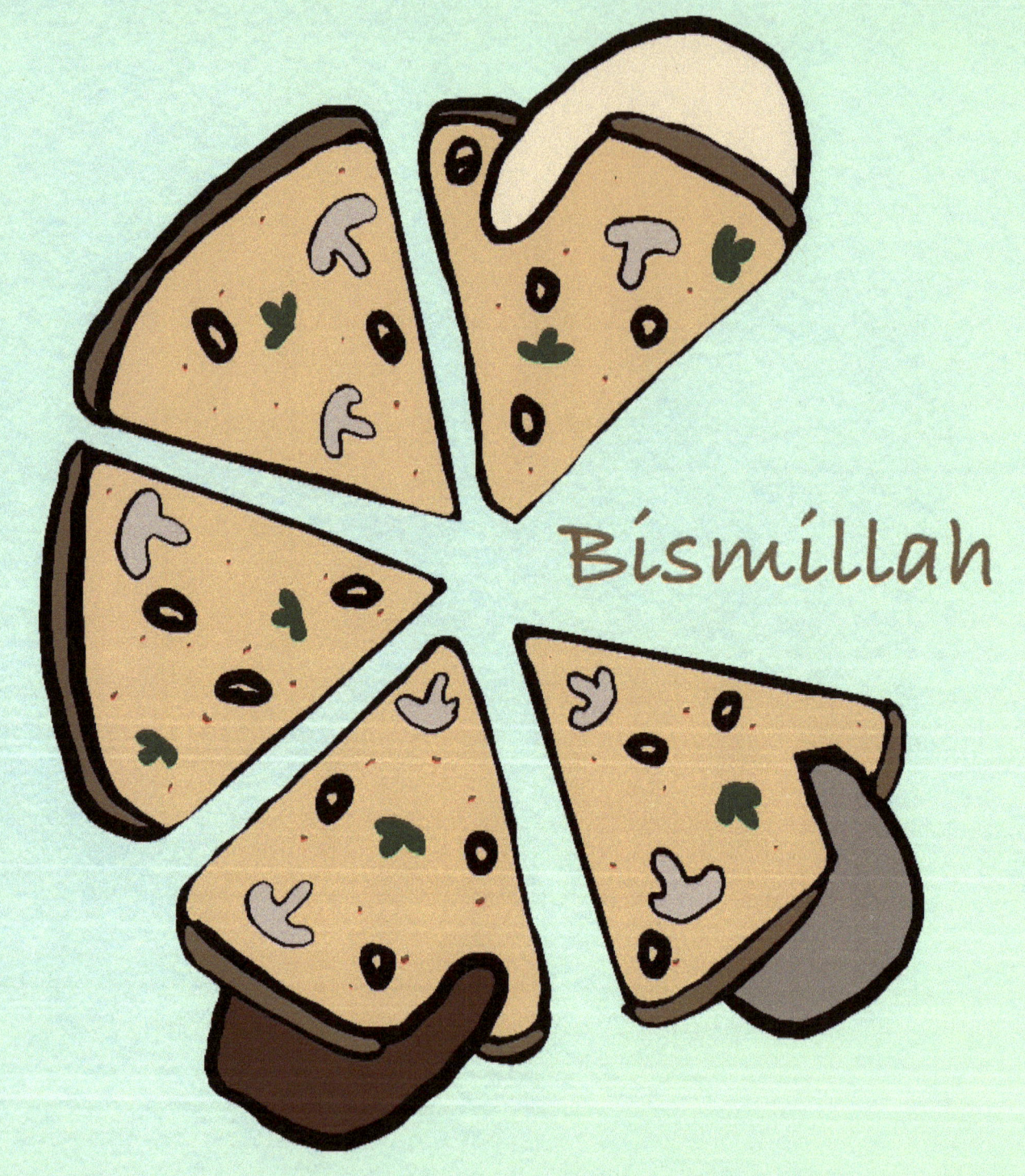

آداب الطعام الجزء ألول

إذا كنا نحب النبي محمد صلى هللا عليه وسلم، فيجب أن نتبعه ونتبع تعاليمه. ُ أعطي النبي محمد صلى هللا عليه وسلم تعليمات لنمط حياتنا الكامل، بما في ذلك آداب الطعام والشراب .فاتباع سنة النبي محمد عليه الصالة والسالم لها فوائد كثيرة.

قبل أن تأكل:

- تأكد من أن ما تأكله قد تم تحضيره بطريقة حالل (مسموحة)وليس حرام.
- ال نأكل إال الطعام الحالل، وال تتناول األطعمة املحرمة مثل لحم الخنزير أو املشروبات املحرمة مثل الكحول.
- إذا كان لديك ضيوف، قدم لهم الطعام .إذا كنت ضيفا، فاقبل الطعام من مضيفيك، حتى ال تؤذي مشاعرهم.
- اغسل يديك قبل األكل إلزالة الجراثيم والبكتيريا وأي أوساخ أخرى.
- اذكر اسم هللا قبل أن تأكل بقول "بسم هللا ."يوص ى بقول أدعية أخرى قبل األكل . إذا نسيت ذكر اسم هللا قبل بدء الطعام، يمكنك أن تقول "بسم هللا في البداية والنهاية "بمجرد أن تتذكر ذلك.

أثناء تناول الطعام الجزء الثاني

:أثناء األكل وبعد األكل

- .كل واشرب بيدك اليمنى فقط وليس بيدك اليسرى .امسك األواني بيدك اليمنى فقط .الشيطان يأكل بيده اليسرى
- .تناول الطعام والشراب وأنت جالس مع ثني ركبتيك أو ثني رجليك .اجلس وال تستلقي أثناء األكل أو الشرب
- .تناول ما هو أقرب إليك وأمامك، بدال من أن تجول يدك في جميع أنحاء الطبق
- .تناول الطعام من حافة الطبق بدال من منتصفه، ألن البركات تتدفق إلى الخارج من وسط صحن الطعام
- .تجنب الشرب مباشرة من اإلبريق .بدال من ذلك، اشرب من الكوب
- خذ ثالث رشفات من مشروبك .ال تبتلع شرابك دفعة واحدة .تجنب التنفس في الكوب الخاص بك وتجنب النفخ في الكوب الزجاجي .ال تسرف في تناول مشروبك أو حساءك.
- .تناول الطعام ببطء وال تتسرع .امضغ جيدا وفمك مغلق .ال تحشو فمك .ال تتحدث أثناء األكل
- .ال تقل أي ش يء س يء عن الطعام .اثن على الطعام عندما تستمتع به
- .من األفضل مشاركة طعامك مع آالخرين وتناوله من طبق مشترك بدال من مجموعة من األطباق
- تناول الطعام بثالثة أصابع ما لم تكن هناك حاجة الستخدام املزيد من األصابع، والعق أصابعك واحدة تلو األخرى بعد االنتهاء من طعامك.
- إذا سقطت قطعة من الطعام بالخطأ على األرض في املنزل، فقم بالتقاطها وتنظيفها من األوساخ قبل تناولها . تركها سيطعم الشيطان.
- تناول الطعام باعتدال وال تفرط في األكل .امأل بطنك بالثلث من الطعام وثلث املشروب وثلث الهواء .العديد من األمراض سببها اإلفراط في تناول الطعام.
- .تأكد من إنهاء طبقك ألنك ال تعرف مكان النعم في طبقك .ال تهدر الطعام
- .احمد هلل بعد االنتهاء من األكل بقول "الحمد هلل "وتالوة أدعية أخرى
- اغسل يديك وغرغر فمك باملاء

سنة النوم

النوم نعمة عظيمة أعطانا هللا إياها إلراحة وإنعاش أذهاننا وأجسادنا وأرواحنا .يمكن أن تؤدي قلة النوم إلى الشعور باأللم وعدم الراحة وقد تسبب مشاكل صحية أخرى .هناك بعض السنن واآلداب التي علمنا إياها النبي محمد صلى هللا عليه وسلم خاصة بالنوم والصحة:

- عدم النوم قبل صالة العشاء .ال ينبغي أن تكون هناك مناقشات طويلة بعد صالة العشاء، ويفضل النوم مباشرة بعدها.
- نفض الغبار عن السرير باستخدام قطعة مالبس ثالث مرات
- تنظيف األسنان بواسطة الفرشاة والسواك.
- الوضوء قبل النوم، لتتمكن من النوم بطهارة
- إطفاء جميع األضواء وإغالق جميع األبواب وتنظيف أي أوعية تحوي على طعام .كلما كانت الغرفة عاتمة أكثر كلما كان نومك أفضل.
- النوم باتجاه القبلة إن أمكن.
- النوم على الجانب األيمن من الجسم وعدم النوم على الجانب األيسر أو البطن .وضع اليد اليمنى تحت الخد األيمن والحفاظ على الركبتين مثنيتين قليال.
- قول دعاء ما قبل النوم" .اللهم (سبحانك وتعالى !)باسمك أموت وأعيش".
- تالوة السور الثالث القصيرة .سورة اإلخالص وسورة الفلق وسورة الناس، ثم تقويس اليدين والنفخ فيهما .ثم مسح الجسم بالكامل ثالث مرات، بدءا من الرأس والوجه وكامل مقدمة الجسم .
- قراءة سورة امللك وآخر آيتين من سورة البقرة قبل النوم.
- قراءة آية الكرس ي لحمايتك من الشيطان.
- قراءة "سبحان هللا والحمد هلل "33 مرة ثم "هللا أكبر "34 مرة.
- عندما تستيقظ، قل دعاء الصباح" .الحمد هلل الذي أعادنا إلى الحياة بعد مماتنا، وإليه القيامة".

النظافة الشخصية

اإلسالم يشجع ويولي أهمية كبيرة لطهارة القلب والعقل والروح والجسد .هللا

يحب الطاهر ومن يطهر نفسه .فالطهارة عبادة تقربك من هللا وتكافأ عليها.

كان النبي محمد عليه الصالة والسالم خير مثال لإلنسان الطاهر .علمنا النبي محمد

صلى هللا عليه وسلم ضرورة إزالة النجاسة عنا .يطلب منا أن نتوضأ قبل كل صالة

وأن نتأكد من أن كل جزء من أجسامنا يفترض أن يكون مالمسا للماء قد المس املاء.

أحب النبي محمد صلى هللا عليه وسلم الطيب والرائحة الطيبة .أمرنا النبي محمد صلى هللا

عليه وسلم بتنظيف أنفسنا بعد الحمام وقص أظافرنا وغسل أيدينا قبل وبعد األكل

والحفاظ على أسناننا ولثتنا وتنفسنا صحية ونظيفة باستخدام الفرشاة واملسواك .بعد أكل

الثوم نيئا، ال تذهب إلى املسجد أو تتجمع مع الناس، فقد يكون ذلك مسيئا .نحن نفعل

ذلك في سبيل هللا وحتى نكون مستعدين للقاءه.

النهاية

www.ingramcontent.com/pod-product-compliance
Lightning Source LLC
Chambersburg PA
CBHW061107070526
44579CB00011B/161
* 9 7 8 1 9 5 5 2 6 2 4 1 5 *